Alphabet
Embroidery Drawing

アルファベット刺しゅう図案集

contents
暮らしまわりのアルファベット ― page.02
実物大図案 ― page.10
糸のこと、用具のこと ― page.46
刺しゅうを始める前に ― page.48
刺し方、作り方 ― page.49
ステッチの種類と刺し方 ― page.92

カーディガン

シンプルなカーディガンの胸元をワンポイントで飾ってみては。
既製品でも自分らしさをプラスできるのは、刺しゅうならではの楽しみです。

デザイン・製作／西須久子

How to make —— Page 91

暮らしまわりのアルファベット

02 — 03

キーケース

何気なく持ち歩くものにイニシャルの"S"を足すだけで
ふっと愛着がわいてくるから不思議です。
シンプル仕立てに鮮やかな色とビーズ使いがいいアクセント。

デザイン・製作／さくらいあかね

How to make —— Page 86

エプロン

エプロンにステッチされた〝DELISH〟をよく見ると
アルファベットがケーキの形や「いただきます」のポーズに!
刺して、ながめて、盛り上がることうけあいです。

デザイン・製作／千葉美波子

How to make —— Page 91

ブローチ

刺しゅうをブローチにアレンジしても。布は文字のシルエットに沿ってあえてラフにカット。
いくつか作ったものを組み合わせて、メッセージのようにしてもおもしろい。

デザイン・製作／岡村奈緒

How to make —— Page 87

暮らしまわりのアルファベット

ナプキン

特別な日の食卓にはイニシャル入りのナプキンを。ともに過ごす人の顔を思い浮かべて
ひと針ずつ仕上げていくひとときも、心を豊かにしてくれます。

デザイン／二村エミ　製作／坂本千賀子

Pattern —— Page 50

リングピロー

木々に見立てた色合いのイニシャルに、つがいの鳥が集う幸せあふれるデザイン。
親しい人へ、ハレの日のプレゼントとして手作りしても喜ばれそう。

デザイン・製作／森本繭香
How to make —— Page 88

ストール

落ち着いた色合いになりがちな秋冬の小物に
さりげなく華やかさを添えて。
ぬくもりのあるウール刺しゅうの風合いも素敵。

デザイン・製作／笹尾多恵

Pattern —— Page 62

シザーズキーパー

針仕事に夢中のときでも、小さいはさみが目につきやすいようにつけるシザーズキーパー。
お教室などでも、自分だけの目印がついていれば迷子になることもなく安心です。

暮らしまわりのアルファベット

デザイン・製作／せばたやすこ

How to make —— Page 90

N° 01

EMI NIMURA

How to make —— Page 50

二村エミさんの図案

ゴールドやシルバーと
ホワイトのコンビネーションが
華やかかつ高貴なイメージ。
金・銀糸で刺していく
ヘリングボーン・ステッチは、
繊細な糸の扱いに
慣れていない方でも
刺しやすいのがうれしい。

製作／坂本千賀子

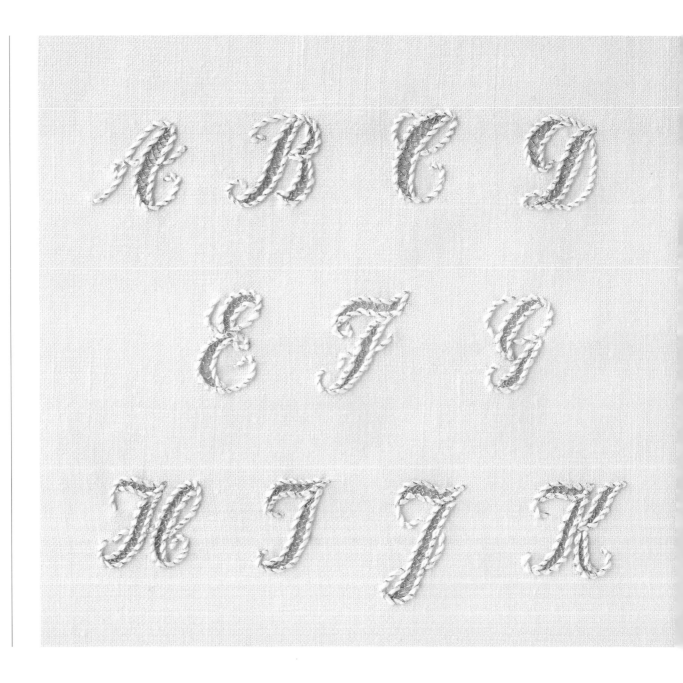

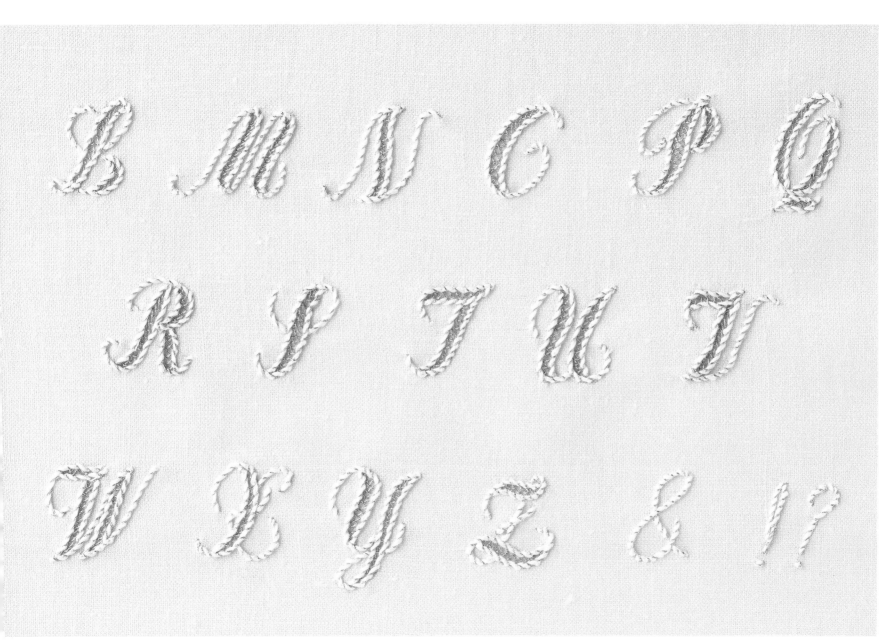

N° 02

HISAKO NISHISU

How to make —— Page 52

西須久子さんの図案

一度は刺したい憧れの白糸刺しゅう。
洗練されたシンプルな書体を
芯入りサテン・ステッチで
ぷっくりと刺します。
芯はボリュームが出しやすい
チェーン・ステッチで、
チェーンの大きさを調整しながら
隅々まで行き渡らせるのがコツ。

L M N O P Q
R S T U
V W X Y Z &

N° 03

EMI NIMURA

How to make —— Page 54

二村エミさんの図案

植物の葉をモチーフにした
書体の曲線と繊細なステッチが
エレガントなデザイン。
使用するステッチを厳選することで
フライ・ステッチの優美さが
より際立ちます。
ピッチが均等になるよう
フライ・ステッチを刺しましょう。

製作／片桐多恵子

N° 04

TAE
SASAO

How to make —— Page 56

笹尾多恵さんの図案

ヴィクトリアン後期の
ゴシック体をアレンジした書体は、
バック・ステッチで刺したら
大中小のフレンチノットで飾ります。
基本的なテクニックだけだから、
初心者さんでも簡単。
バック・ステッチの針目をそろえると
きれいに仕上がります。

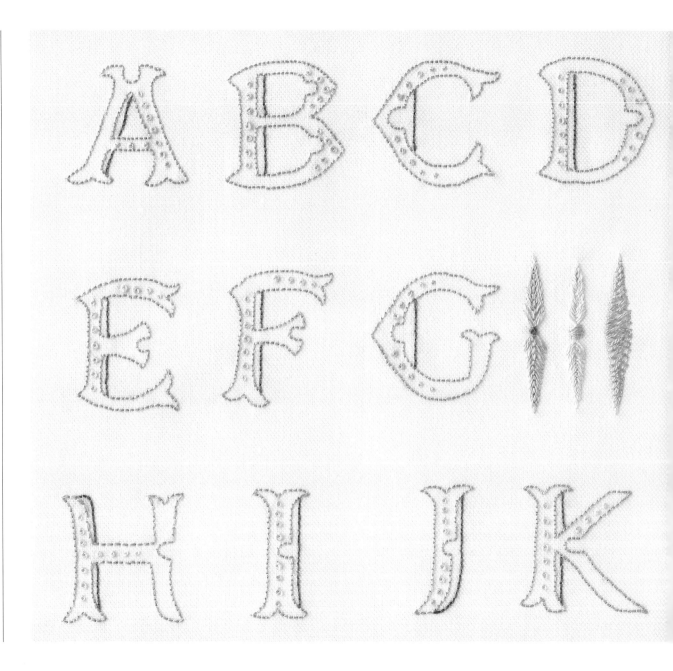

N° 05

EMI NIMURA

How to make —— Page 58

二村エミさんの図案

クラシカルな書体ながらも
フレンチノットを添わせることで、
かわいさとポップさを表現。
太さや撚りの異なる
3種の糸から生み出される立体感と
質感の違いも魅力のひとつ。
フレンチノットはきつめに糸を引き、
大きさをそろえるのがポイント。

製作／綱島史子

N° 06

HISAKO
NISHISU

How to make —— Page 60

西須久子さんの図案

クロス・ステッチではめずらしい
小文字でやさしいタッチの
アルファベット図案。
クリスマスカラーに彩られた
文字とフレームだから、
そのままサンプラーとして
お部屋に飾っても素敵です。
色を変えるとまた違った雰囲気に。

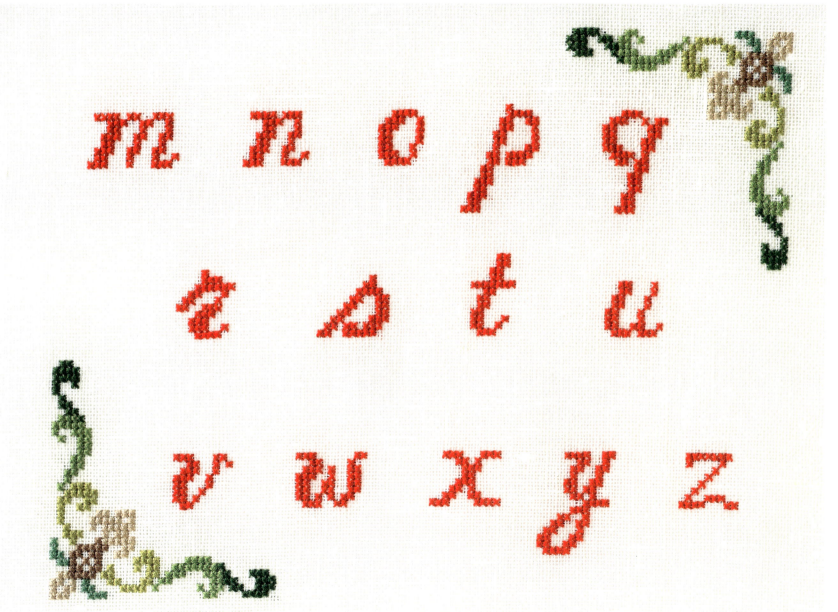

N° 07

TAE
SASAO

How to make —— Page 62

笹尾多恵さんの図案

アルファベットにバラを絡めた
クラシカルな花文字。
やさしい風合いと
ぬくもりを感じさせる仕上がりは
ウール刺しゅうならではです。
ステッチを刺すときには、
糸の引き加減に気を配りながら
ふっくらと仕上げて。

N° 08

NAO
OKAMURA

How to make —— Page 64

岡村奈緒さんの図案

糸を等間隔にとめていくコーチングは
芯ととめる糸に色の差をつけると
まるで模様のようで効果的。
部分的に配したサテン・ステッチも
躍動感を引き立てます。
要となるコーチングは
流れるような文字のラインを意識して
たるまないように刺しとめましょう。

N° 09

HISAKO NISHISU

How to make —— Page 66

西須久子さんの図案

aはアウトライン・ステッチ、
bはチェーン・ステッチ、
cはフレンチノットといったように
ひと文字ワンステッチの
アルファベットサンプラー。
どれも基本的なステッチなので、
初心者さんが刺し方を覚えるのにも
おすすめの図案です。

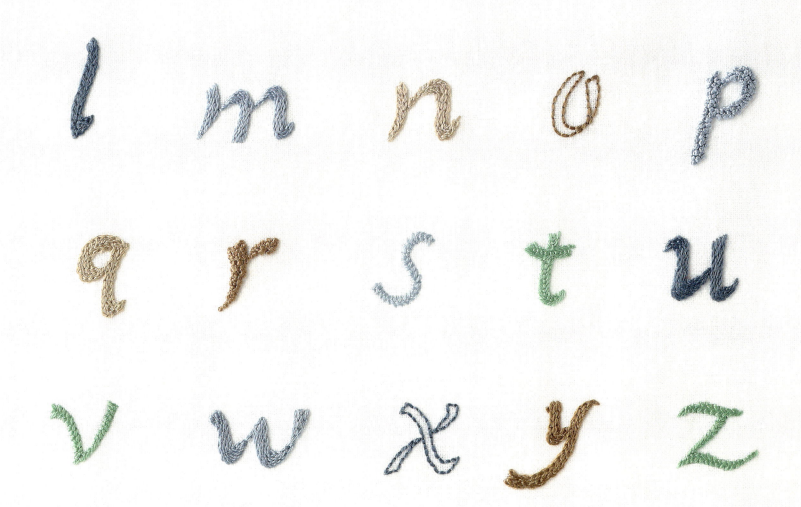

N° 10

YASUKO SEBATA

How to make —— Page 68

せばたやすこさんの図案

シンプルなブロック体を
カラフルに色づけし、
ワンポイントに小花を添えて。
サテン・ステッチで文字を刺すときは
輪郭線に対して直角に針を入れ、
同じ密度で刺すときれいに。
逆に小花は自由な感じに刺すと
愛らしく仕上がります。

N° 11

NAO
OKAMURA

How to make —— Page 70

岡村奈緒さんの図案

ありそうでない、
ラフな書体がおしゃれ。
基本的なテクニックのひとつ、
バック・ステッチで
刺し埋めていきます。
実際の書き順通りに刺していくと
自然な流れになり、
文字に動きが生まれます。

N° 12

AKANE
SAKURAI

How to make —— Page 72

さくらいあかねさんの図案

クロス・ステッチの
プレーンなアルファベットは
大人はもちろん、子供まで
幅広く使えるうれしいデザイン。
写真のような色合いも素敵ですが
原色系のハッキリした色にしても。
チョウチョやリボン、
お花のあしらいもキュート。

N° 13

YASUKO SEBATA

How to make —— Page 74

せばたやすこさんの図案

フレンチテイストの書体ですが
ナチュラルな色使いと
サテン・ステッチの葉っぱで
まるで木々のよう。
青い小鳥ともうひとつ、
図案にはサプライズが隠れています。
文字のチェーン・ステッチは
細かく密に刺すのがポイント。

N° 14

MINAKO CHIBA

How to make —— Page 76

千葉美波子さんの図案

ウサギがいろんなポーズで
A〜Zを表現した「うさふぁべっと」。
ぴーんと体を伸ばしていたり、
2匹で協力していたりと
見飽きることがありません。
自分のイニシャルだけではなく、
お気に入りのポーズを刺して
楽しんでください。

N° 15

MAYUKA MORIMOTO

How to make —— Page 78

森本繭香さんの図案

文字のグラデーションと
小鳥やリスの繊細なタッチが
目を引くデザイン。
小鳥やリスの毛並みは
アウトライン・ステッチを使って
刺し埋めますが、
動きと流れを出すための
ちょっとしたコツがあります。

K L M N O

P Q R S T U

V W X Y Z

N° 16

MINAKO
CHIBA

How to make —— Page 80

千葉美波子さんの図案

〝食〟をテーマにかかげて
A〜Z、＆と！？をデザインした
「いただきます」シリーズ。
驚くことに、お弁当のおかずや
炭酸水の泡に至るまで、
細かくデザインされています。
どの部分を刺しているのか
想像しながら刺すのも一興です。

N° 17

MAYUKA
MORIMOTO

How to make —— Page 82

森本繭香さんの図案

ハンドメイド好きにはたまらない、
針や糸、ビーズがモチーフの図案。
ソーインググッズのワンポイントに
あしらうのにもぴったり。
線が細く思いのほか繊細ですが、
流れるような糸の曲線を
イメージしながらていねいに刺すと
きれいに刺し上がります。

N° 17 MAYUKA MORIMOTO

N° 18

AKANE SAKURAI

How to make —— Page 84

さくらいあかねさんの図案

グラフィカルな図案と
鮮やかな色の組み合わせ、
さらに2種類のビーズ使いが
とっても新鮮なデザイン。
丸いビーズはすき間なく、
そしてサテン・ステッチの部分は
ビーズのボリュームに負けないよう
ぷっくりと密に刺して。

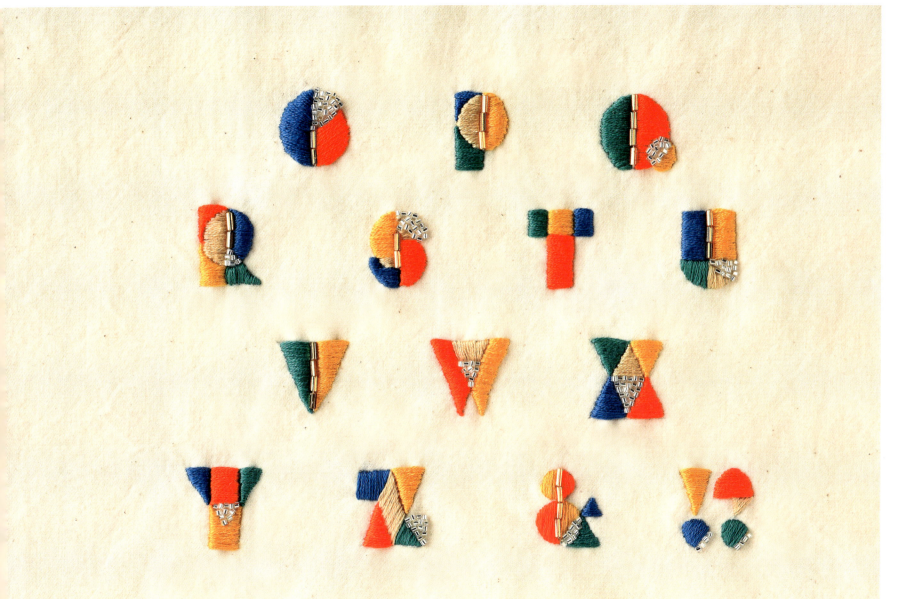

about Yarn & Tools
糸のこと、用具のこと

この本の作品で使用した糸と基本的な用具、
あるとうれしい便利な用具をご紹介します。

刺しゅう糸

ⓞ1 DMC コットンパール5番糸

パールのような輝きとサテンのような肌ざわりの糸。ハーダンガーや
ニードルポイントなど、さまざまな刺しゅう作品に愛用されています。

ⓞ2 DMC ルトール

太めの糸で、つや消しタイプ。取り扱いやすく、タペストリーを作るの
に最適。カラーも全285色取りそろえています。

ⓞ3 DMC アブローダー

白の繊細なモチーフなど、伝統的な技法の刺しゅうに欠かせない
糸。しなやかな質感となめらかな肌ざわりながら、最高級品質の丈
夫な糸のため、ハウスリネンやキッチンリネンに施すイニシャルや文
字などの刺しゅうに最適。

ⓞ4 DMC 25番糸 Mouliné Spécial®
　　　　　　　　ムーリネ　スペシャル

最もポピュラーな刺しゅう糸。エジプトの最高級長繊維ならではの
輝くようなつやと、全500色もの豊富なカラーバリエーションが魅
力。色落ちや変色への耐久性にも優れています。25番糸は細い糸
6本をゆるく撚り合わせて束にしており、細い糸を1本ずつ引き抜い
て、必要な本数を引きそろえて使います。

ⓞ5 DMC Diamant
　　　　　　ディアマント

ダイヤモンドを意味するDiamantは2012年の発売以降、ベストセ
ラーのメタリック刺しゅう糸。ゴールドやシルバー、ブライダルホワイト
をはじめとするリュクスな輝きの12色が、作品に華を与えてくれます。

ⓞ6 極細毛糸

編み物などにも使用されるウール100％の極細タイプ。毛糸なら
ではの、ふんわりやさしい風合いが楽しめます。

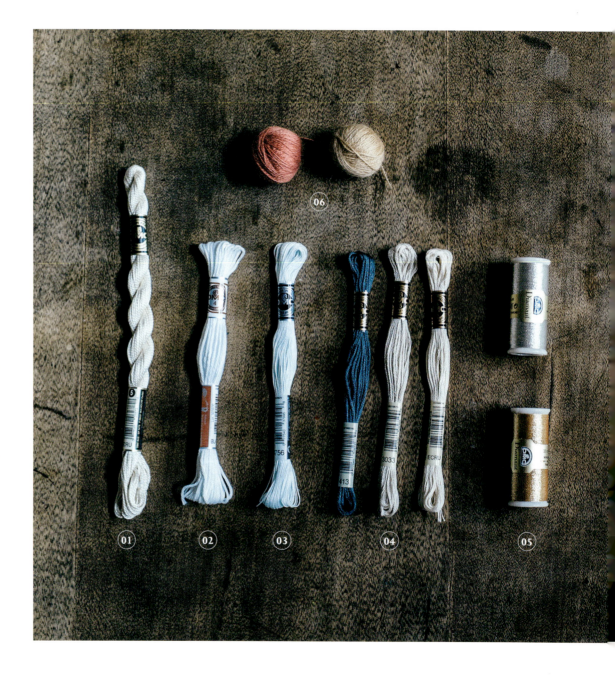

糸のこと、用具のこと

用具

⑦ 刺しゅう針

図案に沿ってステッチを刺す自由刺しゅうでは針先のとがった針を、布目をすくって刺すクロス・ステッチでは針先の丸い針を使用します。どちらも太くて長いものから細くて短いものまであり、糸の太さや本数、布地の厚みによって選びます。

⑧ 糸切りばさみ

先が細く、よく切れる使いやすいものを用意しましょう。

⑨ トレーサー

チャコペーパーを使って布に図案を写す場合に、図案を上からなぞるために使います。

⑩ 刺しゅう枠

布をピンと張って刺すために使用します。大小さまざまなサイズがあり、刺す図案の大きさに合わせて選びます。だいたい図案よりもふた回り大きめぐらいが目安。広い面積の図案を刺すときには、刺す部分に枠を移動させていきます。

⑪ 転写紙

図案を写すときに使います。刺しゅう用にはチャコが片面についたものが使いやすく、水がつくと消えるタイプもあります。

Before starting embroidery

刺しゅうを始める前に

糸の扱い方からアイロンのかけ方まで、基本的なことをまとめました。

〈 図案の写し方 〉

一般的にはまず、図案をトレーシングペーパーに写します。布に転写紙、トレーシングペーパー、セロハンの順に重ね、トレーサー（インクの出ないボールペンでも可）でなぞって写します。

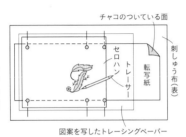

セロハンを重ねるのは、なぞるときのすべりをよくし、図案を保護するため。包装用のものでもOK。

〈 刺しゅう糸の扱い方 〉

25番刺しゅう糸は、6本の細い糸がゆるく撚り合わされており、1本ずつ引き抜いて使います。作り方にある「○本どり」という表記は、この細い糸を何本引きそろえて使うかを表しています。

1. ラベルははずさず、40～50cmを目安に糸端（6本のまま）を引き出す。あまり長いと糸がもつれたり、刺しているうちにぼそぼそしてくることも。

2. カットした6本の撚りを軽くほどいて、1本ずつ引き抜く。

3. 必要な本数（2本どりなら2本）をたるまないようにそろえる。6本どりで使う場合も、必ず1本ずつ抜いてそろえ直す。こうすることで、糸がそろってきれいに刺し上がる。

2本どり

〈 糸の通し方 〉

引きそろえた糸や撚りのあまい糸など、針に糸が通しづらい場合は以下のような方法を試してみましょう。

1. 糸端をそろえて針穴部分に押し当て、二つ折りにしてつぶす。

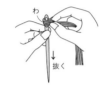

2. 親指と人さし指で糸の折り山をしっかり押さえ、針を抜く。

3. 折り山を針穴に押し入れるようにして通す。

〈 刺し始めと刺し終わり 〉

・刺し始め

玉結びが表にひびいたり、布目から抜けたりすることがあるため、基本的には玉結びをしないで刺しゅうをします。刺し始めの糸が抜けにくいように少し離れたところから針を入れ、糸端を5～6cm残して刺し始めましょう。

玉結びがないと刺しづらかったり、洗濯を頻繁にするものの場合は、糸端を少し残して玉結びをする。この糸端を裏側にくぐらせて始末をすれば、結び玉が表に出てくる心配もなくなる。

・刺し終わり

糸端を刺しゅうの裏側に渡っている糸に絡ませて始末をします。刺し始めも刺し終わりと同様に始末をします。

線刺しの場合　　面刺しの場合
　　　　　　　　裏　　　　裏

〈 途中で糸をつなぐ方法 〉

糸がなくなったら刺し終わりの要領で糸を始末し、新しい糸で次の目を刺します。チェーン・ステッチやフライ・ステッチなどの場合は、普通に刺してしまうとステッチが連続して見えないので、図のようにつなぎましょう。

刺し終わりの目はゆるめにし、糸端を裏側でとめずにおく。新しい糸で1目刺したら、裏側の糸を引いて目の大きさをそろえ、糸端の始末をする。続けて新しい糸で刺し進める。

ゆるめにしておく

次の目を完成させてから糸を引く

ゆるめにしておく

〈 アイロンの当て方 〉

刺しゅうのふっくらとした感じをつぶさないよう、きれいな白いタオルなどの柔らかい生地を敷き、刺しゅうした布を裏にして上に置きます。アイロンは必ず布に合った温度に設定し、霧を吹いて縦地を伸ばし、布を左右に引っぱってしわを除きます。布の中央部から外側に向かって、布を平らに落ち着かせるようにかけます。布を斜めに伸ばさないように、布目に沿って丁寧にかけましょう。

Alphabet
Embroidery Drawing

HOW TO MAKE

アルファベット刺しゅう図案集 作り方

＊刺しゅう図案はすべて実物大です。

＊「ステッチ」は「・S」で省略しています。

＊ステッチ名に続く（　）内の数字は、糸の色番号を表しています。

＊「○本どり」という表記は、その図案を刺すときに用いる糸の本数です。
　指定の本数を取り分けて刺してください。

＊図案を見やすくするため、各ページや図案で指定を設けている場合があります。
　例）指定以外、糸はDMC25番刺しゅう糸2本どり、刺し方はアウトライン・S

＊布は目のそろった張りのある布（綿または麻）がおすすめです。

HOW TO MAKE

N° 01

EMI NIMURA

二村エミさんの図案

Photo —— Page 10

* すべて糸はDMC刺しゅう糸で
  白（B5200）は25番、
  金（D3821）・銀（D168）はディアマント
* ■・□を
  ヘリングボーン・Sで刺し埋めてから、
  まわりを巻きつけチェーン・Sで刺す
* 金・銀糸は傷みやすいため、
  短く切って（30㎝ぐらい）使うようにし、
  傷んだら新しいものに取り替えると
  きれいに仕上がる

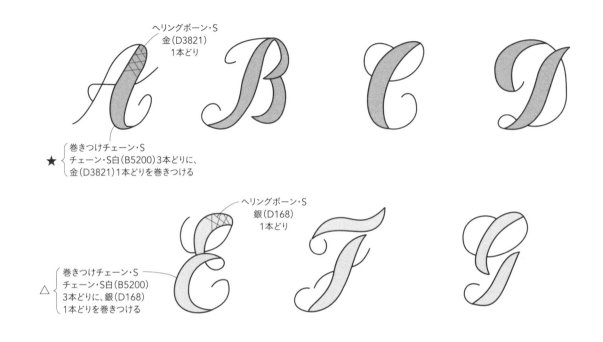

ヘリングボーン・S
金（D3821）
1本どり

★ 巻きつけチェーン・S
チェーン・S白（B5200）3本どりに、
金（D3821）1本どりを巻きつける

ヘリングボーン・S
銀（D168）
1本どり

△ 巻きつけチェーン・S
チェーン・S白（B5200）
3本どりに、銀（D168）
1本どりを巻きつける

   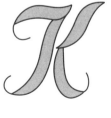

HOW TO MAKE

N° 01

EMI NIMURA

HOW TO MAKE

N° 02

HISAKO NISHISU

西須久子さんの図案

Photo —— Page 12

* すべて糸はDMC25番刺しゅう糸
　2本どりで色は白（BLANC）、
　刺し方は芯入りサテン・S

* 芯になるチェーン・S、サテン・Sともに
　基本的に文字の書き順と同じ
　順番・向きで刺す

L M N O P Q
R S T U
V W X Y Z &

HOW TO MAKE

N° 03

EMI NIMURA

二村エミさんの図案

Photo —— Page 14

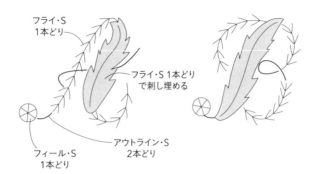

フライ・S
1本どり

フライ・S 1本どり
で刺し埋める

フィール・S
1本どり

アウトライン・S
2本どり

＊すべて糸はDMCアブローダー25番で
色は淡ブルー（3756）

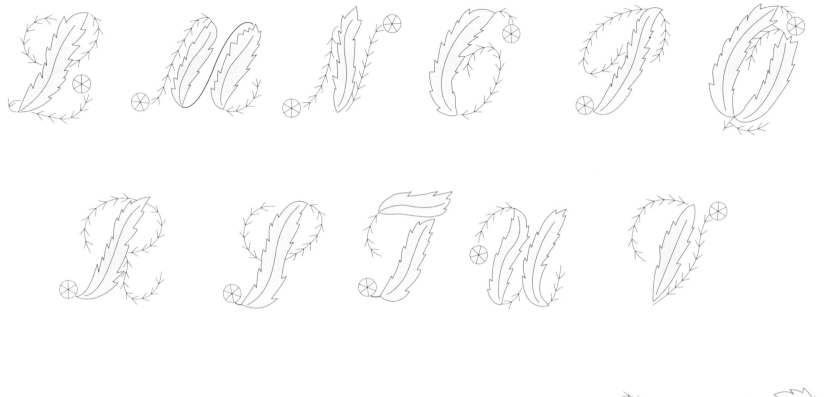

HOW TO MAKE

N° 04

TAE SASAO

笹尾多恵さんの図案

Photo —— Page 16

* すべて糸はDMC25番刺しゅう糸2本どりで
指定以外、色はアイスブルー(3753)

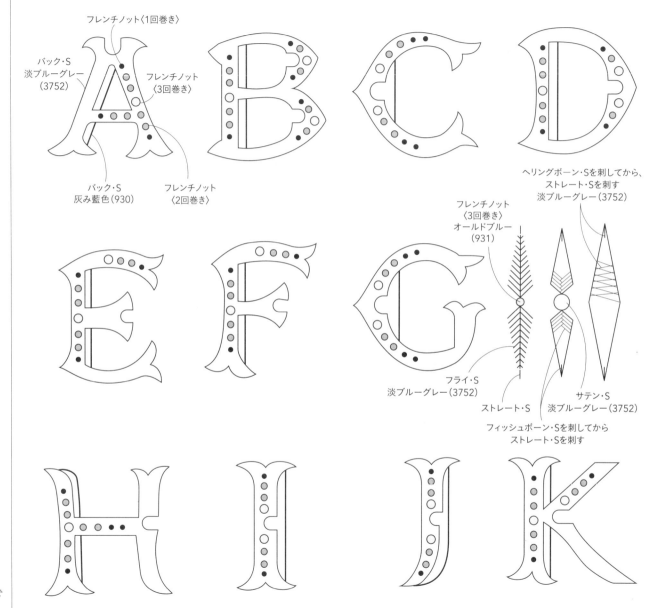

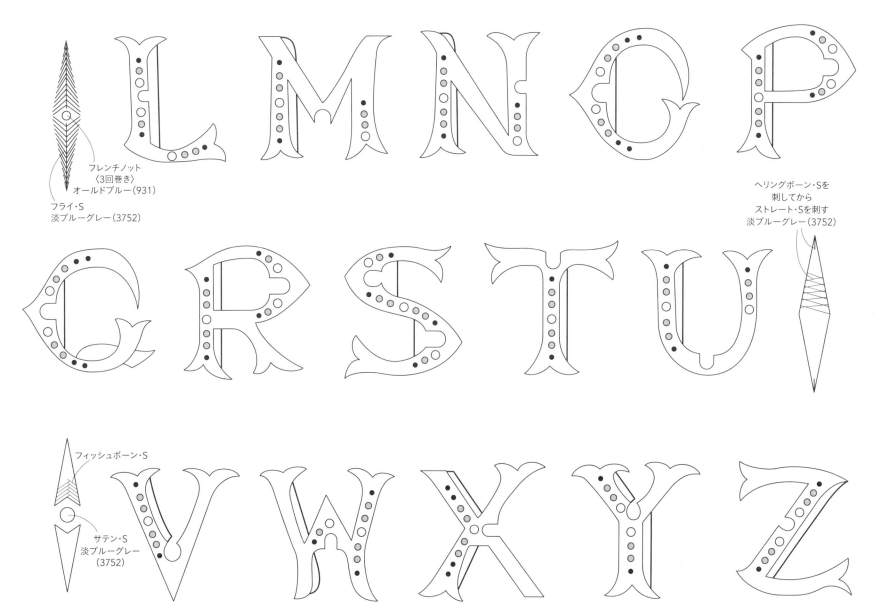

HOW TO MAKE

N° 05

EMI NIMURA

二村エミさんの図案

Photo —— Page 18

* すべて糸はDMC刺しゅう糸

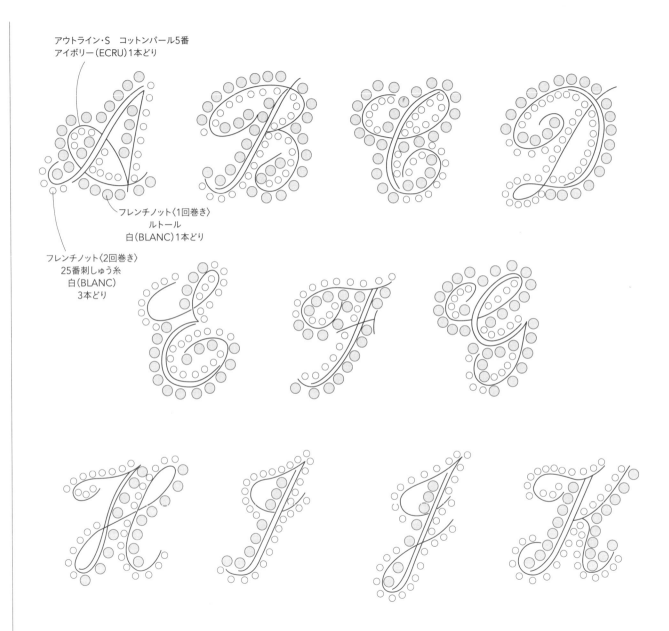

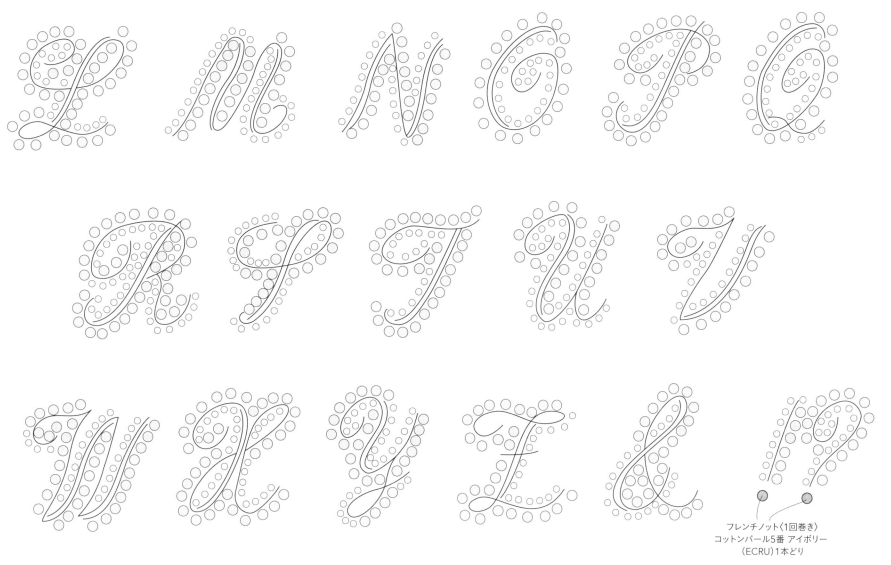

フレンチノット〈1回巻き〉
コットンパール5番 アイボリー
(ECRU)1本どり

HOW TO MAKE

N° 06

HISAKO NISHISU

西須久子さんの図案

Photo —— Page 20

* すべて糸は25番刺しゅう糸2本どり

* 布目2目×2目でクロス・Sを刺す

* 布はDMCリネン（麻100％）28ct（110目）を使用

- ● = 赤(817)
- △ = 若葉色(471)
- ・ = グラスグリーン(562)
- ▨ = 濃グリーン(986)
- ＃ = グリーン(988)
- ▼ = カフェオレ色(840)
- ✕ = 淡オリーブ色(3782)

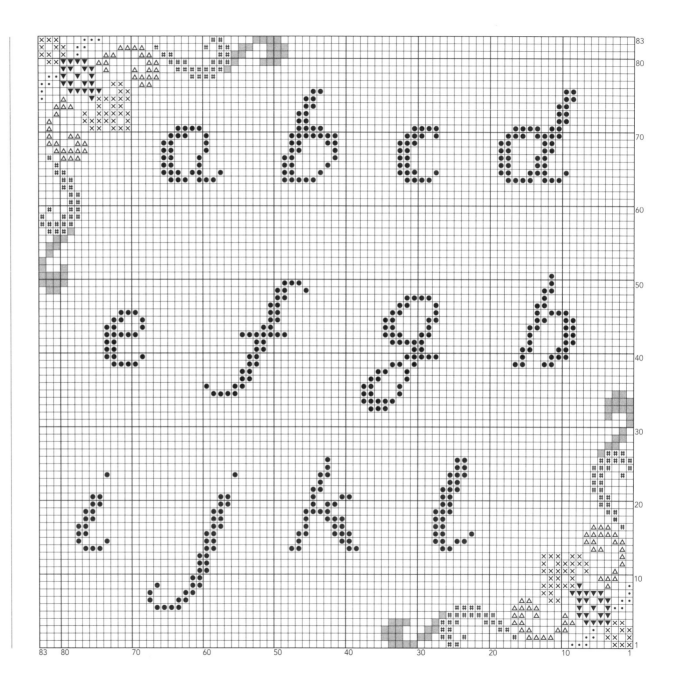

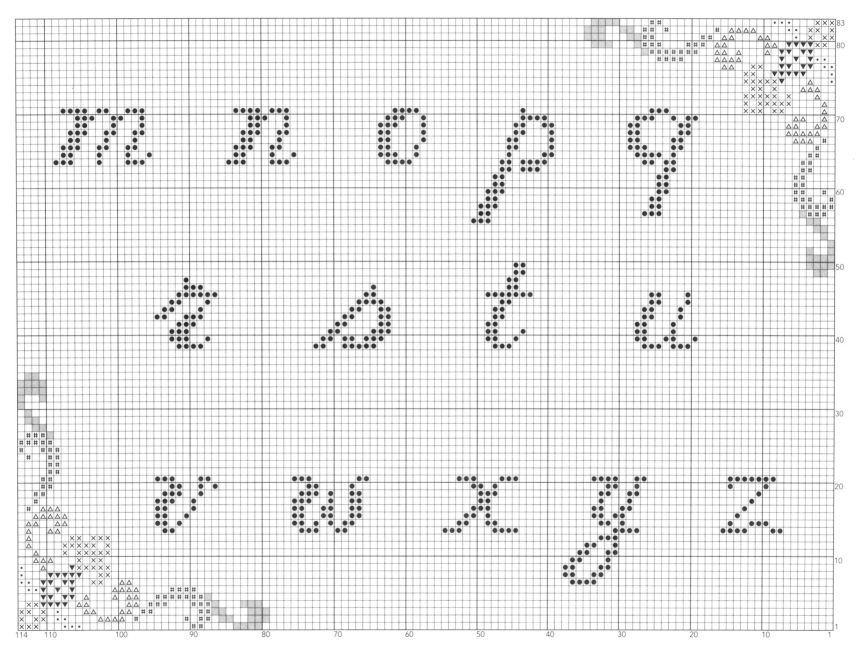

HOW TO MAKE

N° 07

TAE SASAO

笹尾多恵さんの図案

Photo —— Page 22

* 指定以外、糸は極細毛糸1本どりで
刺し方はアウトライン・S

* 極細毛糸は越前屋オリジナル
極細毛糸を使用

スパイダーズ ウェブローズ・S

濃ピンク　ピンク
= 柱はDMC25番刺しゅう糸
淡ピンク(758)2本どり。
くぐらせる糸は中心・
外側ともに極細毛糸で、
中心は濃ピンク(色番42)
2本どり、外側はピンク
(色番41)2本どり

ピンク
= 柱はDMC25番刺しゅう糸
淡ピンク(758)2本どり。
くぐらせる糸は極細毛糸で、
ピンク(色番41)2本どり

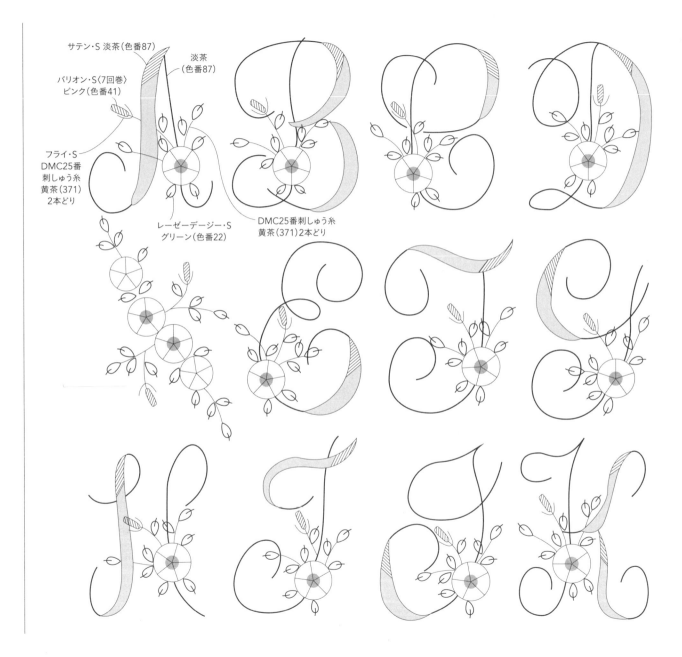

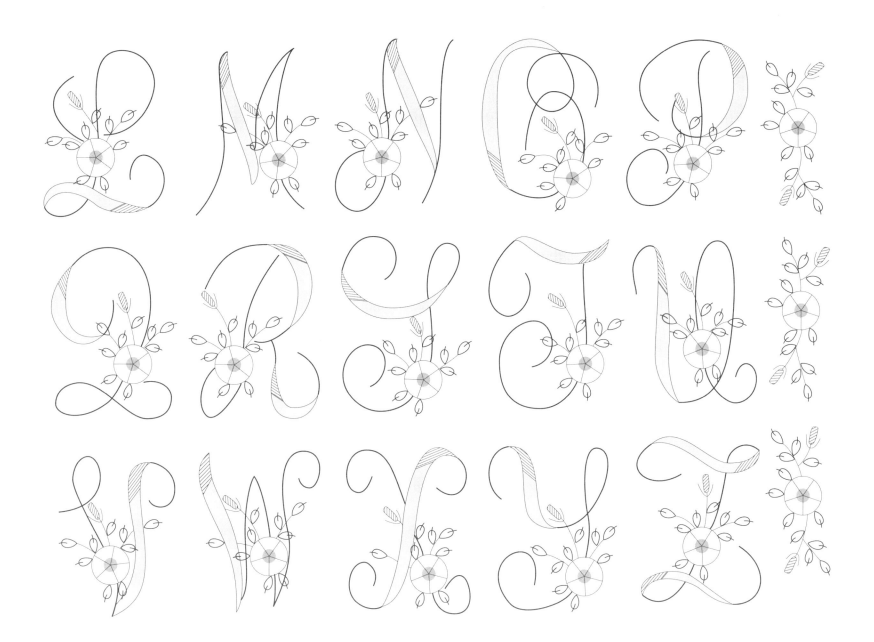

HOW TO MAKE

N° 08

NAO OKAMURA

岡村奈緒さんの図案

Photo —— Page 24

* すべて糸はDMC刺しゅう糸で
指定以外、刺し方はコーチング

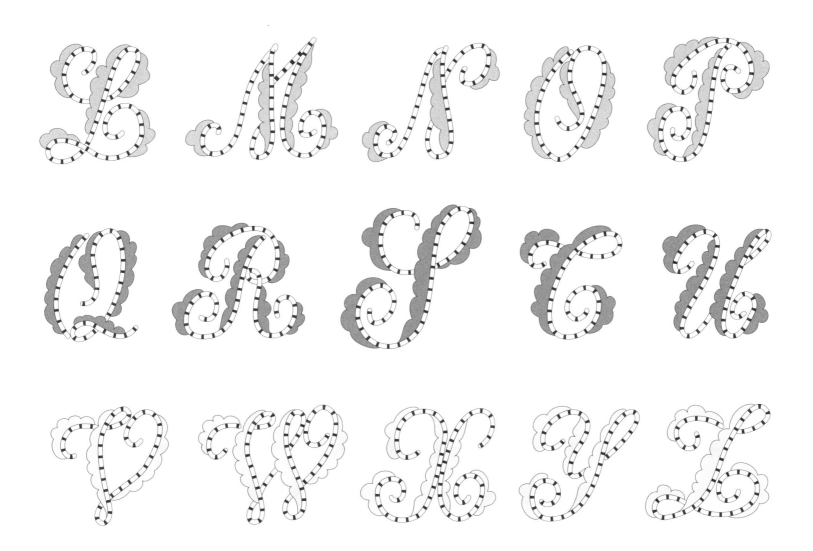

HOW TO MAKE

N° 09

HISAKO NISHISU

西須久子さんの図案

Photo —— Page 26

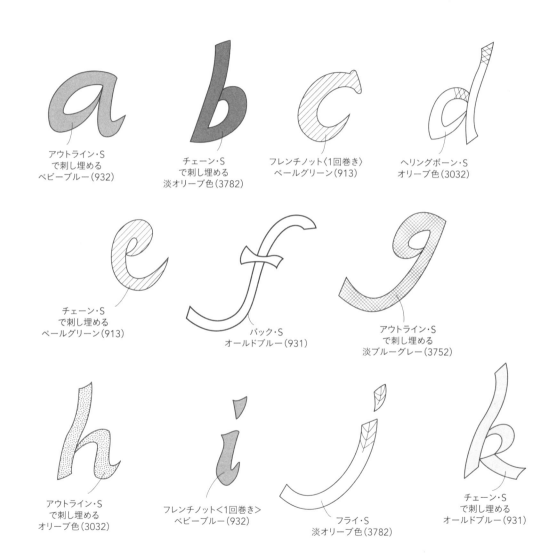

アウトライン・S
で刺し埋める
ベビーブルー(932)

チェーン・S
で刺し埋める
淡オリーブ色(3782)

フレンチノット〈1回巻き〉
ペールグリーン(913)

ヘリングボーン・S
オリーブ色(3032)

チェーン・S
で刺し埋める
ペールグリーン(913)

バック・S
オールドブルー(931)

アウトライン・S
で刺し埋める
淡ブルーグレー(3752)

アウトライン・S
で刺し埋める
オリーブ色(3032)

フレンチノット〈1回巻き〉
ベビーブルー(932)

フライ・S
淡オリーブ色(3782)

チェーン・S
で刺し埋める
オールドブルー(931)

* すべて糸はDMC25番刺しゅう糸で
フレンチノット以外、2本どり

* フレンチノットは3本どりで8〜9割刺し埋め、
次に2本どりで輪郭を整えながら
すき間を埋める

チェーン・S
で刺し埋める
オールドブルー(931)

アウトライン・S
で刺し埋める
ベビーブルー(932)

チェーン・S
で刺し埋める
淡オリーブ色(3782)

バック・S
オリーブ色(3032)

フレンチノット〈1回巻き〉
淡ブルーグレー(3752)

チェーン・S
で刺し埋める
淡オリーブ色(3782)

フレンチノット〈1回巻き〉
オリーブ色(3032)

ヘリンボーン・S
淡ブルーグレー(3752)

フライ・S
ペールグリーン(913)

アウトライン・S
で刺し埋める
オールドブルー(931)

ヘリンボーン・S
ペールグリーン(913)

アウトライン・S
で刺し埋める
ベビーブルー(932)

バック・S
オールドブルー(931)

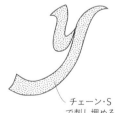

チェーン・S
で刺し埋める
オリーブ色(3032)

ヘリンボーン・S
ペールグリーン(913)

HOW TO MAKE

N° 10

YASUKO
SEBATA

せばたやすこさんの図案

Photo —— Page 28

* すべて糸は25番刺しゅう糸で指定以外、2本どり
* 文字の刺し方はすべてサテン・S
* 花・葉・実の刺し方はA〜D・Mをそれぞれ参照し、指定の色で刺す

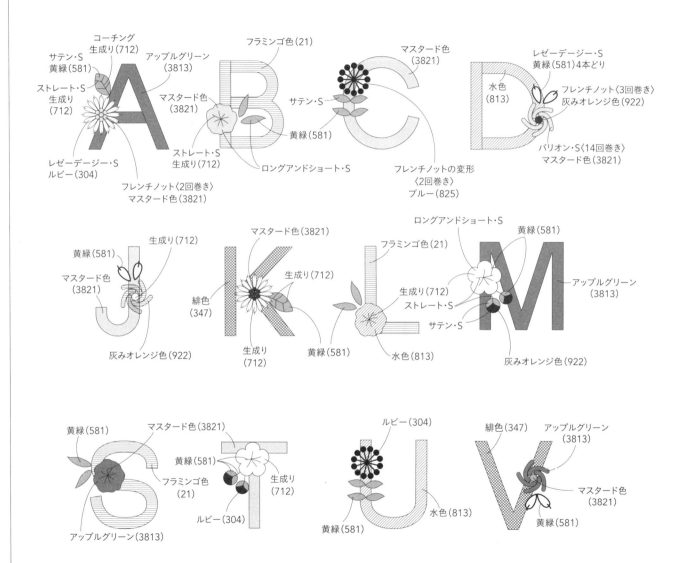

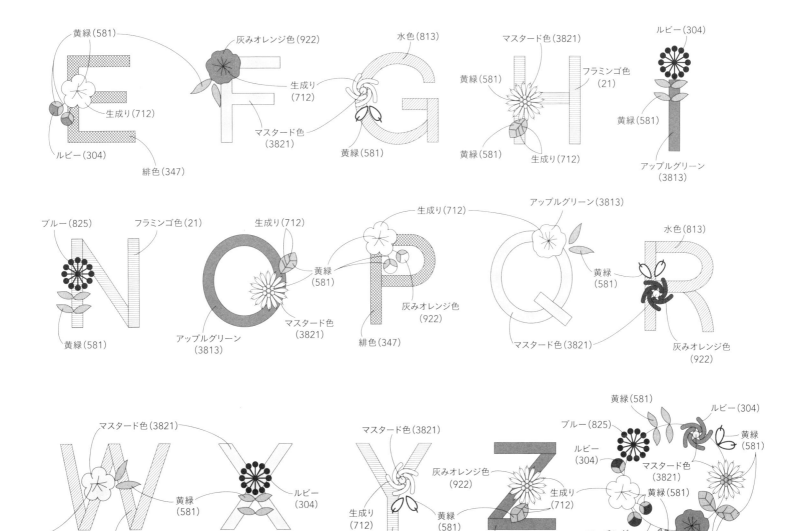

HOW TO MAKE

N° 11

NAO OKAMURA

岡村奈緒さんの図案

Photo —— Page 30

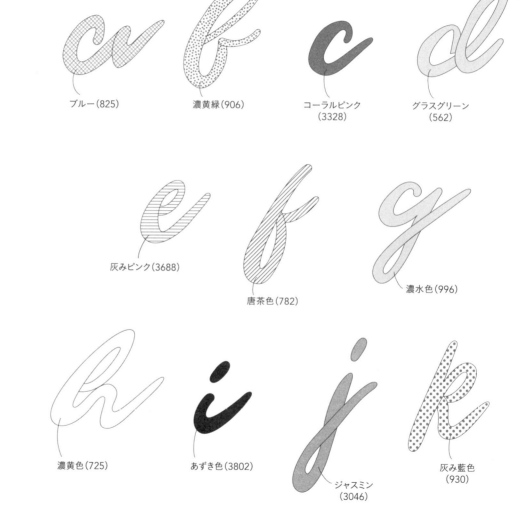

ブルー(825)　濃黄緑(906)　コーラルピンク(3328)　グラスグリーン(562)

灰みピンク(3688)　唐茶色(782)　濃水色(996)

濃黄色(725)　あずき色(3802)　ジャスミン(3046)　灰み藍色(930)

* すべて糸はDMC25番刺しゅう糸2本どりで刺し方はバック・S

* バック・Sは長さを調整しながら刺し埋める

HOW TO MAKE

N° 12

AKANE SAKURAI

さくらいあかねさんの図案

Photo —— Page 32

* すべて糸は25番刺しゅう糸3本どり
* 布目2目×2目でクロス・Sを刺す
* 布はコングレス70(綿100％) 17ct(70目)を使用

● = 濃オレンジ色(606)
■ = ひすい色(943)
✕ = ひまわり色(972)
▲ = 濃水色(996)
▽ = レモンイエロー(307)
♯ = ライムグリーン(907)
ω = ローズピンク(603)
⊙ = 藤色(3838)
ℓ = ピンク(605)
╱ ╲ = ネズミ色(04) ハーフクロス・S
╱ ╲ = ピンク(605)   (記号を参照し、斜めに1本刺す)

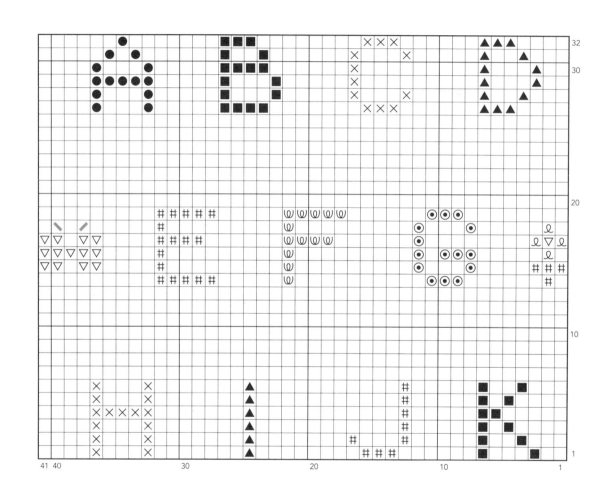

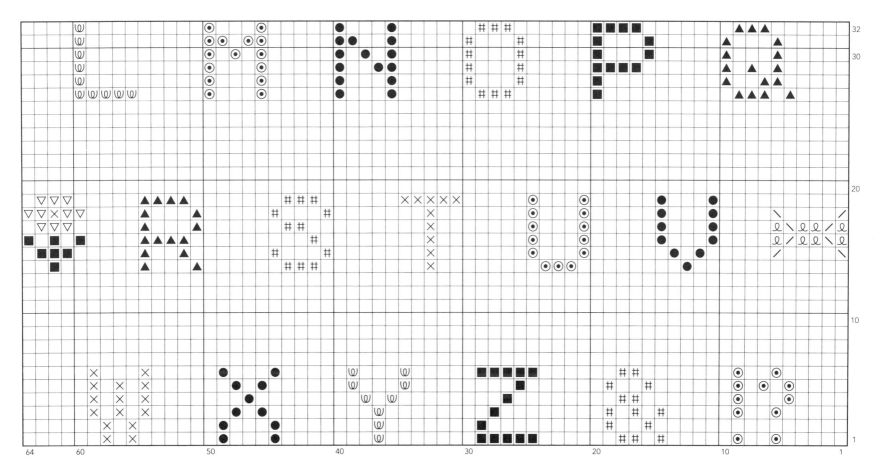

HOW TO MAKE

N° 13

YASUKO SEBATA

せばたやすこさんの図案

Photo —— Page 34

* 糸はすべてDMC25番刺しゅう糸 2本どり
* 文字のチェーン・Sは 写真(34-35ページ)を参照して 刺し埋める

HOW TO MAKE

N° 14

MINAKO CHIBA

千葉美波子さんの図案

Photo —— Page 36

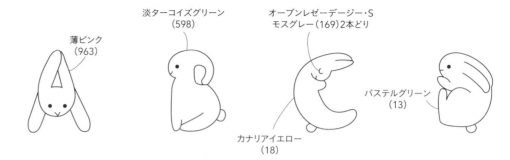

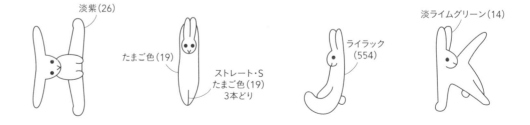

＊糸はすべてDMC25番刺しゅう糸。
すべてウサギA〜Z・&の輪郭は
バック・S3本どり、
鼻はすべてストレート・S
モスグレー（169）2本どり。
目は指定以外、フレンチノット
ルビー（304）2本どり〈1回巻き〉

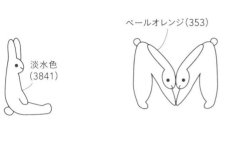
淡水色(3841)
ペールオレンジ(353)
薄若草色(12)
オリーブ色(3032)
亜麻色(452)

薄モーヴ(30)
オープンレゼーデージー・S
モスグレー(169)2本どり

クリームイエロー(745)
黄土色(3828)
サーモンピンク(224)
灰み紫(3042)

マスタード色(3821)

サテン・S
ルビー(304)3本どり

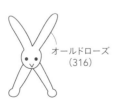

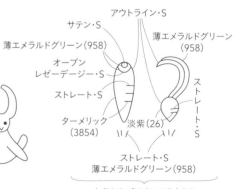

ミントグリーン(964)
桃色(894)
オールドローズ(316)
淡マロン色(3864)
柳色(927)

アウトライン・S
サテン・S
薄エメラルドグリーン(958)
オープンレゼーデージー・S
ストレート・S
薄エメラルドグリーン(958)
ターメリック(3854)
淡紫(26)
ストレート・S
ストレート・S
薄エメラルドグリーン(958)

人参とカブはすべて3本どり

HOW TO MAKE

N° 15

MAYUKA MORIMOTO

森本繭香さんの図案

Photo —— Page 38

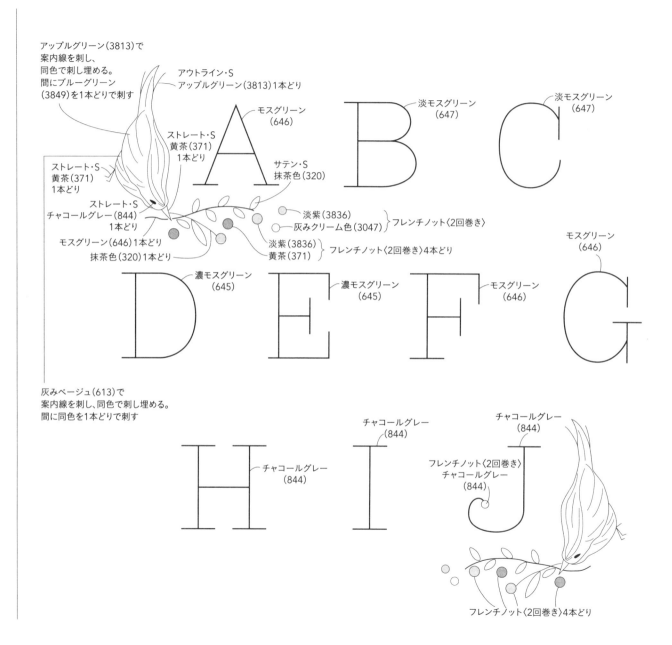

* 糸はすべて25番刺しゅう糸。
  指定以外、糸は2本どり、
  刺し方はアウトライン・S

* トリの羽毛とリスの毛並みの
  きれいな刺し方は、95ページ参照

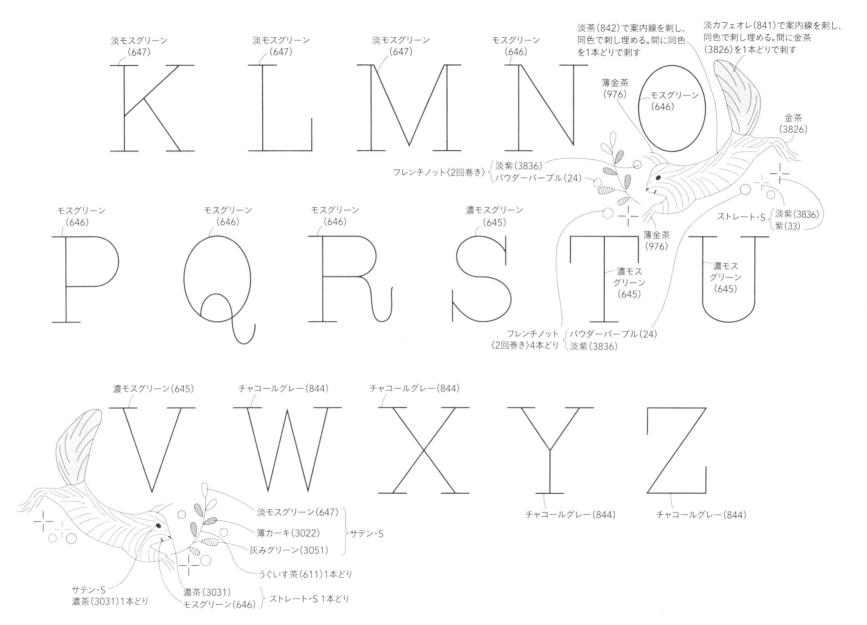

HOW TO MAKE

N° 16

MINAKO CHIBA

千葉美波子さんの図案

Photo —— Page 40

* 糸はすべてDMC25番刺しゅう糸
* 指定以外、糸は2本どり、刺し方はサテン・S

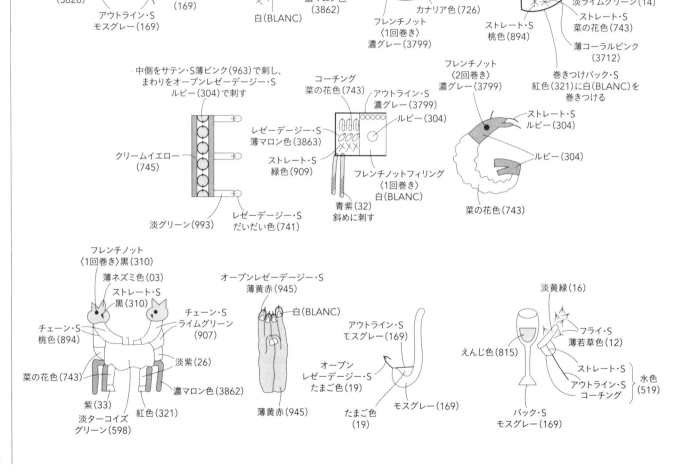

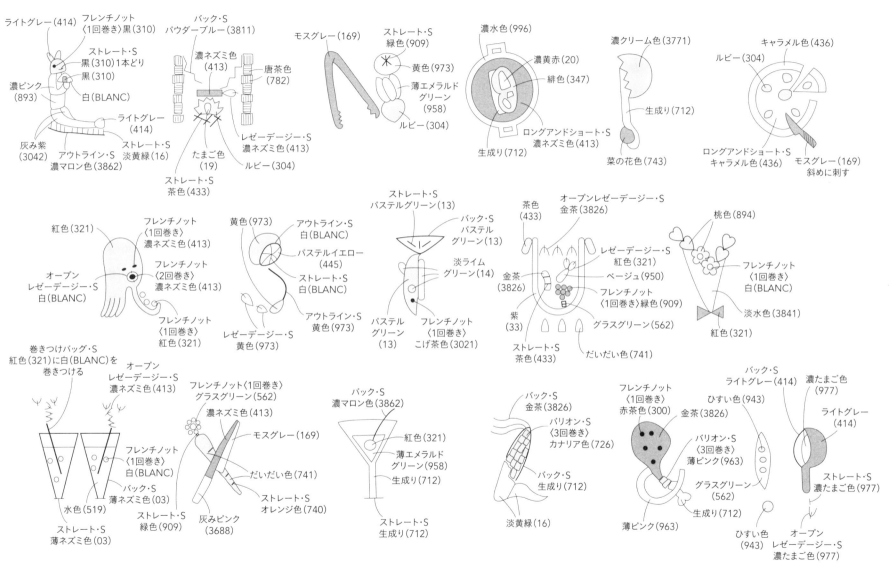

HOW TO MAKE

N° 17

MAYUKA MORIMOTO

森本繭香さんの図案

Photo —— Page 42

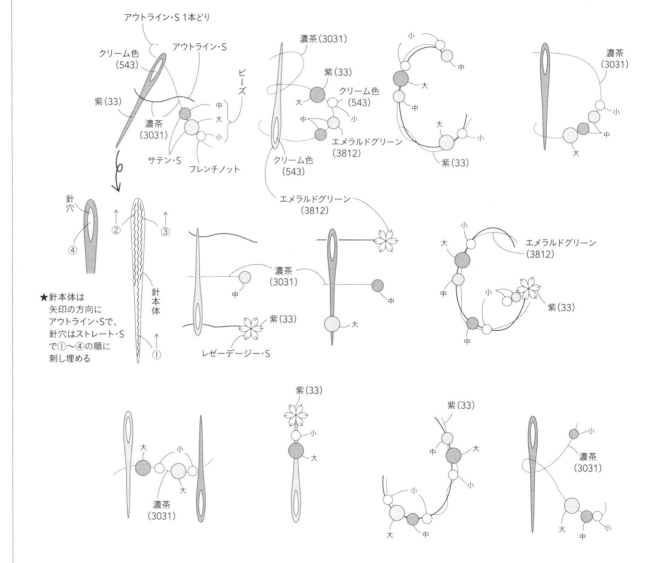

* 糸はすべて25番刺しゅう糸。
  指定以外、糸は2本どり
* フレンチノットはすべて4本どり〈2回巻き〉

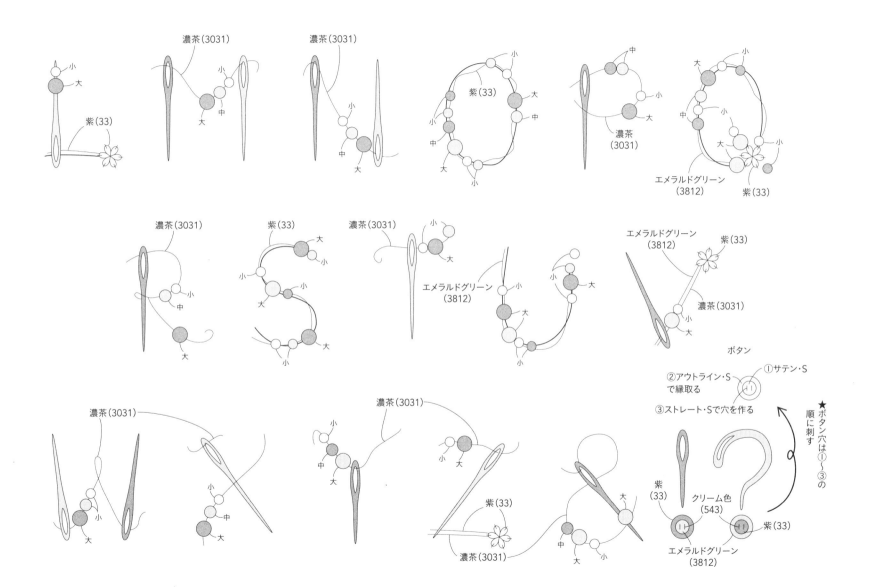

HOW TO MAKE

N° 18

AKANE SAKURAI

さくらいあかねさんの図案

Photo —— Page 44

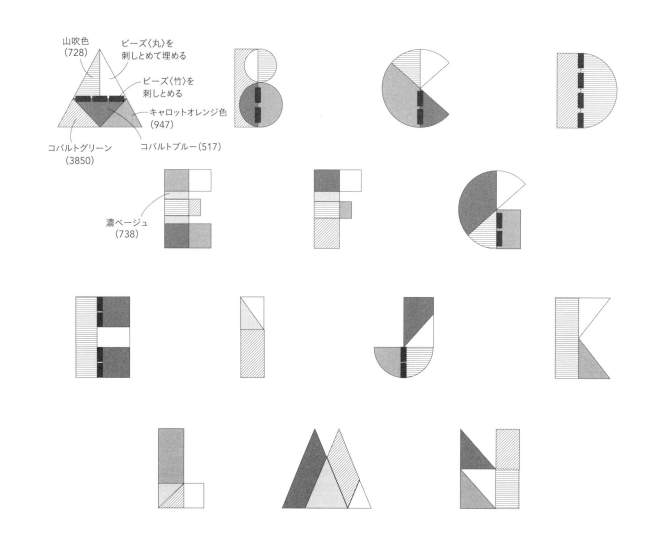

* 糸はすべて25番刺しゅう糸2本どり。
  指定以外、刺し方はサテン・S
* ビーズは丸（1.3㎜/デリカビーズのクリア）・
  竹（4㎜/ゴールド）を使用し、
  ミシン糸とビーズステッチ針で1個ずつ
  バック・Sの要領で刺しとめる

HOW TO MAKE

キーケース

Photo —— Page 03

でき上がり寸法

約縦7.5×横5.5cm（ひもは除く）

材料

表布…帆布（生成り）18×10cm
裏布…キルト布（生成り）18×10cm
パイピング…1〜2mm厚の革（茶色）14×2cm
ひも…0.2cm幅丸革ひも（茶色）25cm
レザークラフト用縫い糸…（生成り）少々
ウッドビーズ…直径1.3cm（生成り）1個
DMC25番刺しゅう糸…
　コバルトブルー（517）・山吹色（728）・
　キャロットオレンジ色（947）各少々
ビーズ…
　丸（1.3mm／デリカビーズのクリア）約20個・
　竹（4mm／ゴールド）2個

＊実物大図案は84ページ参照

①表布1枚に好みのアルファベットを刺しゅうする

②表布と裏布をカットする

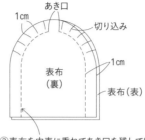

③表布を中表に重ねてあき口を残して縫い、カーブ部分の縫い代に切り込みを入れる

④裏布も③と同様に作る

⑤表布を表に返し、内側に裏布を入れる

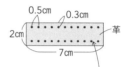

⑥革にキリや目打ちで上下に穴をあける。これを2枚作る

⑦レザーを二つ折りにして表布と裏布をはさみ、レザークラフト用の縫い糸で並縫いを往復して縫う（反対側も同様）

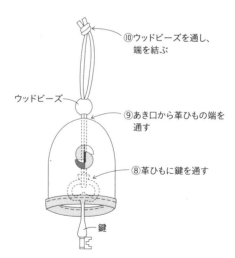

⑧革ひもに鍵を通す

⑨あき口から革ひもの端を通す

⑩ウッドビーズを通し、端を結ぶ

裁ち合わせ図

・縫い代は指定以外1cm

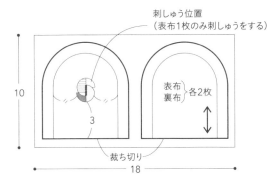

実物大型紙

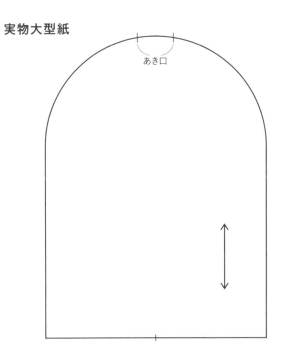

HOW TO MAKE

ブローチ

Photo —— Page 05

でき上がり寸法

d…約縦2.5×横3cm
a…約縦2×横3cm
y…約縦4×横2cm

材料（1点分）

表布…厚手のウール（オフホワイト）少々
裏布…フェルト（オフホワイト）少々
厚紙…少々
ブローチピン…幅2cm（シルバー）1個
DMC25番刺しゅう糸…
　dに濃水色（996）・
　aにあずき色（3802）・
　yに濃黄色（725）各少々
＊表布、裏布ともにほつれにくい生地を使用

＊実物大図案は70ページ参照

①刺しゅうをする

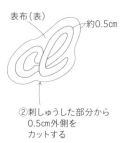

②刺しゅうした部分から0.5cm外側をカットする

⑤④を接着剤で貼り、乾いたら端をきれいにカットして整える

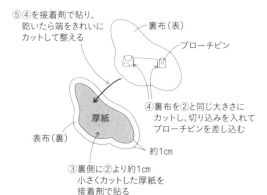

④裏布を②と同じ大きさにカットし、切り込みを入れてブローチピンを差し込む

③裏側に②より約1cm小さくカットした厚紙を接着剤で貼る

HOW TO MAKE

リングピロー

Photo —— Page 07

[でき上がり寸法]

約縦12.5×横15cm

[材 料]

本体…麻布(白)16.5×26.5cm
わた…少々
淡水パール…直径約7mm(白)2個
DMC25番刺しゅう糸…
　モスグリーン(646)・抹茶色(320)・
　黄茶(371)・ブルーグリーン(3849)・
　アップルグリーン(3813)・
　淡モスグリーン(647)・灰みベージュ(613)・
　チャコールグレー(844)・淡紫(3836)・
　灰みクリーム色(3047)　各少々

＊実物大図案は78ページ参照

寸法図

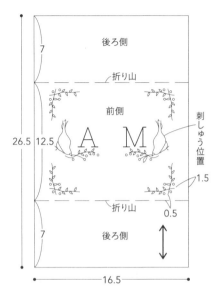

作り方

①刺しゅうをする

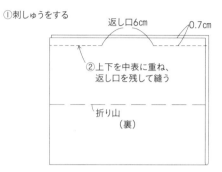

②上下を中表に重ね、返し口を残して縫う

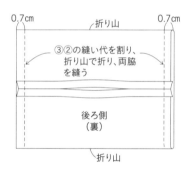

③②の縫い代を割り、折り山で折り、両脇を縫う

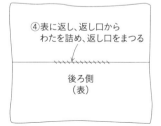

④表に返し、返し口からわたを詰め、返し口をまつる

⑤パールつけ位置にパールをつける

実物大図案

＊指定以外、糸は2本どり、刺し方はアウトライン・S

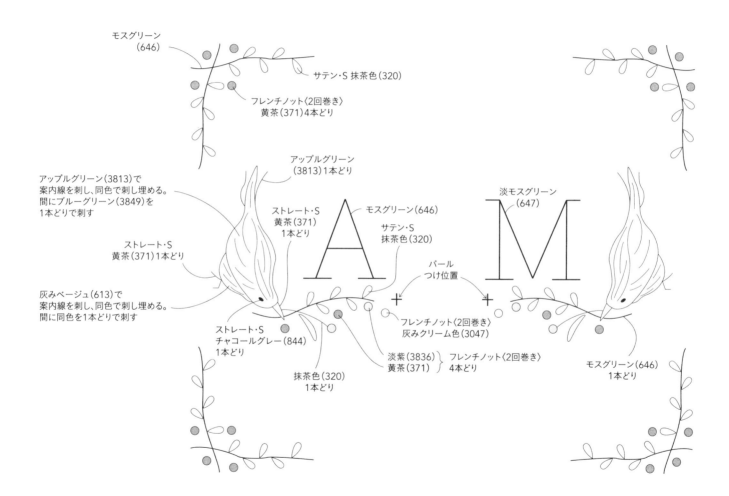

HOW TO MAKE

シザーズキーパー

Photo —— Page 09

でき上がり寸法

約縦4×横4cm

材 料

本体…麻布(チャコールグレー)10cm角
リボン…5cm幅(モノトーン柄)5cm
わた…少々
Cカン…4×3mm(シルバー)1個
星形チャーム…1個
DMC25番刺しゅう糸…
　刺しゅうに淡カーキ(3023)・
　淡ベージュ(3866)・シルバー(E168)各少々、
　ひもに濃グレー(3799)・シルバー(E168)
　各少々

＊実物大図案は68ページ参照

寸法図

・縫い代は0.5cm

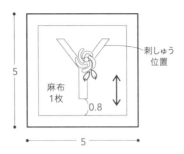

作り方

① 好みのアルファベットの刺しゅうをする
② 刺しゅうした布(麻布)とリボンを5cm角にカットする

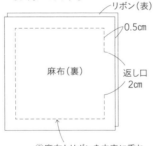

③ 麻布とリボンを中表に重ね、返し口を残して縫う。角の余分な縫い代はカットする

④ 表に返し、返し口からわたを詰めて返し口をまつる

実物大図案

フレンチノット〈2回巻き〉
淡カーキ(3023)4本どり

サテン・S
淡ベージュ(3866)
2本どり

バリオン・S〈12回巻き〉
シルバー(E168)2本どり

レゼーデージー・S
淡カーキ(3023)
4本どり

⑤ 刺しゅう糸、濃グレー(3799)とシルバー(E168)を70cmに12本ずつカットし、それぞれ束ね、撚りをかける(別図参照)

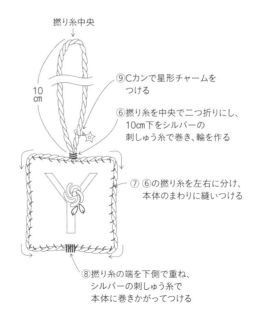

⑥ 撚り糸を中央で二つ折りにし、10cm下をシルバーの刺しゅう糸で巻き、輪を作る

⑨ Cカンで星形チャームをつける

⑦ ⑥の撚り糸を左右に分け、本体のまわりに縫いつける

⑧ 撚り糸の端を下側で重ね、シルバーの刺しゅう糸で本体に巻きかがってつける

糸の撚りのかけ方

① 12本どりに束ねた糸2本の端を結び、1本ずつ矢印のように指で撚りをかける

② 2本を矢印のように絡める
(①で撚りをかけた方向と逆に絡める)

③ ①②を糸端まで繰り返す。反対側も撚りがほどけないように結んでおく

HOW TO MAKE

カーディガン

Photo —— Page 02

材料

カーディガン…1枚（コットン100％）
ピーシングペーパー…10cm角
接着芯（薄手）…10cm角
DMC25番刺しゅう糸…緋色（347）少々

＊実物大図案は52ページ参照
＊ピーシングペーパーと接着芯の寸法は、
　図案の大きさに合わせて調整する

刺し方

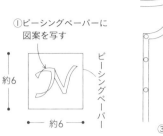

①ピーシングペーパーに図案を写す

②カーディガンの好みの位置にピーシングペーパーを置き、裏側に同寸の接着芯を当てる

③アイロンで仮どめする（中温で10秒程度）

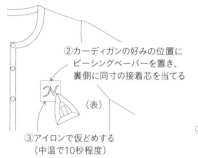

④ピーシングペーパーの上から刺しゅうをする

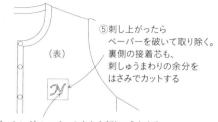

⑤刺し上がったらペーパーを破いて取り除く。裏側の接着芯も、刺しゅうまわりの余分をはさみでカットする

＊ニット地に刺す場合は図案の線上ではなく
　線の外側で針を出し入れすると、
　刺しゅうが埋もれることなくきれいに刺し上がる

HOW TO MAKE

エプロン

Photo —— Page 04

材料

エプロン…1枚（リネン100％）
接着芯（薄手）…10×20cm
DMC25番刺しゅう糸…
　パステルグリーン（13）・ライラック（554）・
　サーモンピンク（224）・淡ターコイズグリーン（598）・
　ライムグリーン（907）・淡ライムグリーン（14）・
　淡マロン色（3864）・菜の花色（743）・淡紫（26）・
　薄コーラルピンク（3712）・桃色（894）・
　紅色（321）・白（BLANC）・薄ピンク（963）・
　ルビー（304）・クリームイエロー（745）・
　淡グリーン（993）・だいだい色（741）・
　薄ネズミ色（03）・ネイビー（336）・濃マロン色（3862）・
　淡黄緑（16）・黒（310）・濃黄赤（945）・
　薄だいだい色（742）・紫（33）

＊実物大図案は80ページ参照

刺し方

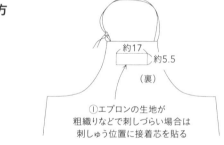

①エプロンの生地が粗織りなどで刺しづらい場合は刺しゅう位置に接着芯を貼る

②図案をバランスよく配置して写し、刺しゅうをする。刺しゅうまわりの余分な接着芯ははさみでカットする

エプロンの図案

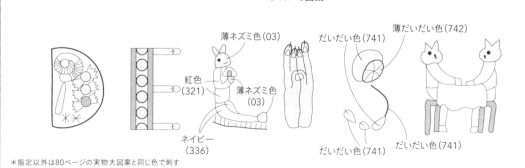

＊指定以外は80ページの実物大図案と同じ色で刺す

HOW TO STITCH　ステッチの種類と刺し方

〈 バック・ステッチ 〉

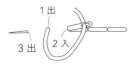

〈 ストレート・ステッチ 〉

〈 アウトライン・ステッチ 〉

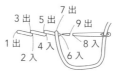

〈 巻きつけバック・ステッチ 〉

〈 フレンチノット 〉

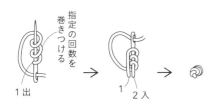

〈 フレンチノットの変形 〉

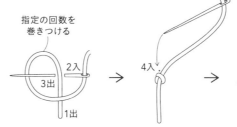

〈 フレンチノットフィリング 〉

〈 チェーン・ステッチ 〉

〈 巻きつけチェーン・ステッチ 〉

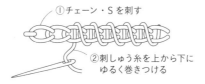

〈 ヘリングボーン・ステッチ 〉

〈 コーチング・ステッチ 〉

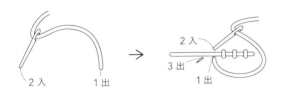

図案の線上に糸をはわせる　　別糸で等間隔にとめる

〈 レゼーデージー・ステッチ 〉

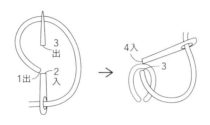

〈 オープンレゼーデージー・ステッチ 〉

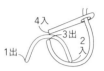

レゼーデージー・Sの要領で刺すが、1、2を離し気味にし、半円を作るように刺す

〈 フライス・テッチ 〉

〈 サテン・ステッチ 〉

〈 芯入りサテン・ステッチ 〉

図案の輪郭に沿って大きさを調整しながら、チェーン・Sですき間なく刺し埋める

サテン・Sをする

〈 バリオン・ステッチ 〉

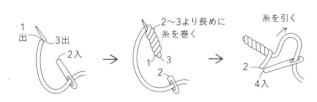

〈 バリオンローズ・ステッチ 〉

バリオン・Sをばらの花のように刺したステッチで、花の内側から刺す。バリオン・Sより多めに糸を巻くとステッチに丸みがつき、花の表情が出る。

〈 ロングアンドショート・ステッチ 〉

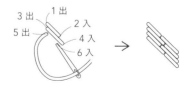

〈 スパイダーズ ウェブローズ・ステッチ ―柱が5本― 〉

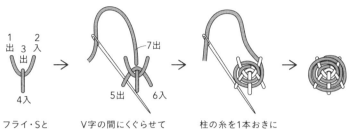

フライ・Sと同様に刺す

V字の間にくぐらせて刺し（5・6）、糸を表に出して（7）柱を作る

柱の糸を1本おきにすくってぐるぐるくぐらせる

〈 フィール・ステッチ ―柱が8本― 〉

＊同じ要領で指定の柱の本数で刺す

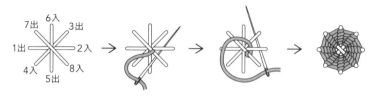

放射状に刺し、柱を作る

中心に糸を出し、1本巻き戻しながら柱を2本すくうことを繰り返してぐるぐると巻きつける

〈 フィッシュボーン・ステッチ 〉

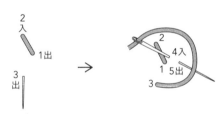

1から出して2に入れ、2から垂直に3を出す

真ん中が少し重なるように刺す

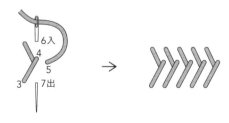

繰り返し刺す

〈 クロス・ステッチ 〉

・横に往復して仕上げる方法

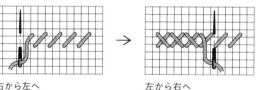

右から左へ

左から右へ

上段に移る場合は、矢印のように裏に糸を渡して出す

・横に1つずつ仕上げる方法

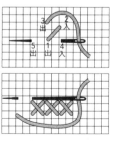

右から左へ交差して刺す

・上に1つずつ仕上げる方法

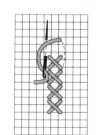

・斜めに1つずつ仕上げる方法

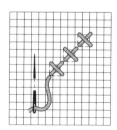

〈 羽毛と毛並みの刺し方 〉

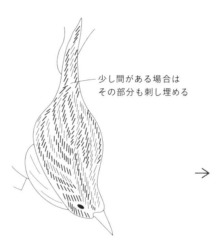

図案にある案内線に沿って
ベースの色の刺しゅう糸2本どりで
アウトライン・Sを刺す。

案内線の間を同色2本どりで
アウトライン・Sで刺す。
ステッチの線を増やし、
空間がある場合はその部分も刺し埋める。

※小さなすき間があってもよい

さらに上から別の色（場所によっては
ベースの色と同色）1本どりで
小さなすき間を刺し埋めながら
アウトライン・Sで毛並みの粗い部分を整える。

※影やグラデーションをつける

DESIGN

岡村奈緒

さくらいあかね

笹尾多恵

せばたやすこ

千葉美波子

西須久子

二村エミ

森本繭香

STAFF

ブックデザイン／岡村佳織
撮影／原田教正、岡 利恵子(本社写真編集室)
スタイリング／野崎未菜美
トレース／安藤デザイン
校閲／滄流社
編集協力／田中利佳
編集／山地 翠

〈素材提供〉
ディー・エム・シー株式会社
☎03-5296-7831
http://www.dmc.com

〈撮影協力〉
技拓株式会社
https://www.gitaku.co.jp/

アルファベット刺しゅう図案集

編集人　石田由美
発行人　永田智之
発行所　株式会社 主婦と生活社
　　　　〒104-8357　東京都中央区京橋3-5-7
編集代表 ☎03-3563-5361　FAX.03-3563-0528
販売代表 ☎03-3563-5121
広告代表 ☎03-3563-5131
生産代表 ☎03-3563-5125
http://www.shufu.co.jp/

製版所　東京カラーフォト・プロセス株式会社
印刷所　大日本印刷株式会社
製本所　株式会社若林製本工場

ISBN978-4-391-15174-9

十分に気をつけながら造本していますが、万一、乱丁、落丁の場合は、お買い求めになった書店か小社生産部へご連絡ください。お取り替えいたします。

Ⓡ 本書を無断で複写複製(電子化を含む)することは、著作権法上の例外を除き、禁じられています。本書をコピーされる場合は、事前に日本複製権センター(JRRC)の許諾を受けてください。また、本書を代行業者等の第三者に依頼してスキャンやデジタル化をすることは、たとえ個人や家庭内の利用であっても一切認められておりません。JRRC(https://jrrc.or.jp/　eメール：jrrc_info@jrrc.or.jp ☎03-3401-2382)

©SHUFU TO SEIKATSUSHA 2018　Printed in Japan

※本書掲載作品の複製頒布、および販売はご遠慮ください。